TRABAJAR POR
ESPACIOS

CÓMO ORGANIZAR EL AULA PARA UN APRENDIZAJE DIFERENTE

Marta Cortés Moraleda

saralejandria
ediciones

Del texto:
Marta Cortés Moraleda

Perfil profesional:
@mestraambsort

Diseño de edición:
Elena Torres Andrés

De la presente edición:
Grupo Sar Alejandría S.L

Edita:
Saralejandría Ediciones

ISBN: 978-84-10105-25-6
Depósito Legal: CS 209-2024

íNDICE

INTRODUCCIÓN

A través de mi experiencia y formación os puedo explicar cómo organizar el aula de manera que se rompa con la idea tradicional de que todo el alumnado de la clase realice la misma actividad al mismo tiempo. Para ello debemos olvidar plantear el aula con las mesas y sillas colocadas como elementos principales, ocupando el espacio general.

Para crear este libro me han sido de gran ayuda muchas de mis compañeras del centro donde trabajo actualmente, Ramon Pont, situado en Terrassa, Barcelona. Gracias a ellas, a la manera de pensar del equipo y sus ganas de actualizarse, he podido vivir en diferentes momentos y en diferentes aulas el proceso de cambio de un aula convencional con las mesas en medio a un aula organizada por espacios. Algunas de las ideas que os comparto han salido de conversaciones con mis compañeras y de los procesos que he vivido con ellas.

No os preocupéis por los desayunos, por repartir algunas manualidades, por necesitar sentarnos todos antes de irnos de excursión u otros momentos en los

que hasta ahora los niños y niñas se sentaban todos a la vez en las mesas. Siempre vamos a tener el espacio y sitio necesario, aunque no estén todos en el centro ni cerca. Las sillas siguen estando presentes y las mesas también, simplemente estarán repartidas de una manera diferente a la que nos habíamos acostumbrado hasta ahora.

Muchas explicaciones o actividades que antes hacíamos con todo el alumnado sentado a la vez, ahora las podremos hacer en círculo, dejando que cada niño y niña se sienta más cómodo según su edad y desarrollo. En cambio, otras las haremos en pequeños grupos y de esta manera nos va a permitir hacer explicaciones más personalizadas, con más ejemplos y pudiendo adaptarnos a cada alumno, para hacernos entender mejor.

Esta manera de organizar el aula nos permite motivar y ayudar a los niños y niñas en el aprendizaje y a poder observar cada desarrollo individual en las diferentes actividades. Trabajar en pequeños grupos nos facilita el acompañamiento a cada alumno en sus dificultades y en sus habilidades. Pero, sobre todo, tener el aula con esta distribución les da la opción a los alumnos de sentirse mejor, estar más cómodos, y trabajar como necesiten en el espacio y con los compañeros que mejor les hagan sentir.

La sociedad no para de evolucionar; los niños y niñas cada vez necesitan más atención, más acompañamiento y, si esto ocurre, los centros educativos también tenemos que adaptarnos y evolucionar con ellos.

La normativa vigente describe que tenemos que prestar atención a cada alumno, a sus necesidades, características e intereses y, sobre estas, decidir cómo organizar el espacio, el tiempo y los materiales de nuestras aulas, para responder educativamente de manera correcta.

Tener el aula organizada por espacios y permitir que el alumnado trabaje en ellos de manera totalmente libre nos permite que en cada uno de estos espacios haya una propuesta lúdica con la cual puedan aprender, adaptándonos a cada necesidad, a cada etapa evolutiva y a cada ritmo.

En una de las últimas formaciones que he recibido, he recordado la idea de que el aprendizaje no tiene tiempo, pues cada niño y niña necesita un tiempo diferente para aprender. Teniendo en cuenta este concepto del aprendizaje, los horarios que nos delimitan qué actividades se deben impartir nos rompen muchas veces un aprendizaje. Por ejemplo, cuando un alumno está entendiendo o creando, en su momento de mayor aprendizaje, entonces, hay que recoger porque toca hacer otra asignatura. Necesitamos romper esta idea y la manera de trabajar por espacios nos permite ofrecer mucho más tiempo a los niños y niñas para aprender a su ritmo, sin parar ni cortarlo.

En este libro me enfocaré en espacios específicos para niños de 3 a 6 años, y en caso contrario lo expresaré explícitamente. La etapa de infantil es en la que he trabajado, de la cual me he formado y en la que os puedo compartir mis experiencias.

¿QUÉ NOS APORTA JUGAR EN LOS ESPACIOS?

A través del juego nos divertimos y obtenemos placer, esto hace que nos motivemos a seguir aprendiendo, a querer seguir participando y a emocionarnos. Esta emoción consigue que el aprendizaje sea significativo y real porque nos ha llegado a partir de una experiencia que nos permite ser capaces de recordar algo vivido en lugar de algo que nos hayan explicado.

A parte, los niños y niñas durante un juego desarrollan otras habilidades, unas más físicas o sensoriales en juegos de movimiento, otras más de aprendizajes cognitivos, otras emocionales donde aprenden a esperar, a perder, a ganar, y compartir y, por último, las habilidades sociales que van aprendiendo durante un juego con otros niños y niñas de su edad.

ORGANIZAR LOS ESPACIOS

Para empezar a organizar un aula de cero, necesitamos saber qué hay en nuestra aula, qué mobiliario tenemos, de qué espacio disponemos, etc. Una manera de organizarnos mejor es haciéndonos una lista en la que anotar todo el material y saber qué hay dentro de cada estantería, armario y cajón.

Funciona muy bien retirar todo lo que hay en el medio, las mesas, las sillas, los juguetes y las estanterías para así poder ver el espacio en su plenitud, vacío. Aunque no lo creas, un espacio vacío nos hace abrir la mentalidad y ver muchas de las virtudes que puede tener el aula y nos motiva a ver más opciones de organización. Una vez retirado todo, nos sentamos y miramos el aula con espacio y casi vacía, cogemos un papel y un lápiz y diseñamos nuestros nuevos espacios. Para ello tenemos que tener claros varios aspectos.

Un espacio educativo de calidad debería ser un entorno estimulante, ordenado y versátil, que ofrece diferentes oportunidades para escoger. La clase debe ser cálida, cómoda y lo más parecido a un hogar. Los niños y niñas necesitan encontrar elementos y materiales que inviten al juego y a la recreación, con espacios que permitan tanto la interacción grupal, así como el juego individual. De esta manera, podrán cubrir todas las necesidades, preferencias e intereses de los alumnos.

La idea es ofrecer diferentes espacios; algunos comunes, y otros polivalentes, que se adapten a las diferentes actividades que se hagan a lo largo del día, como el almuerzo o explicar un cuento.

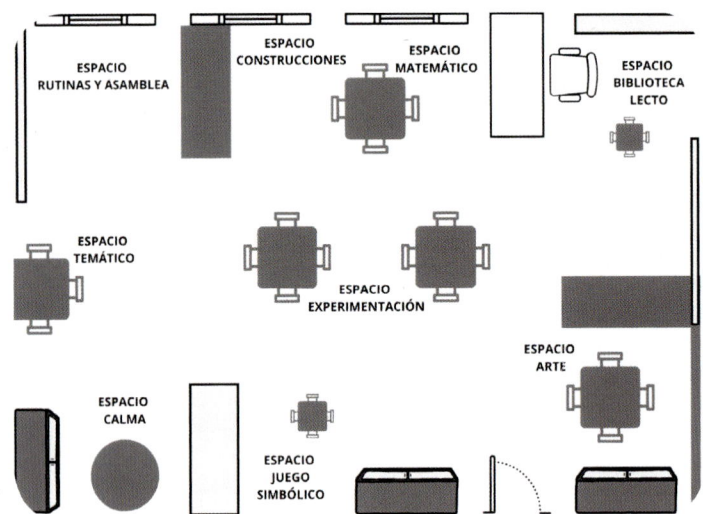

¿QUÉ ESPACIOS QUEREMOS PONER?

No vamos a necesitar los mismos espacios en un aula con niños y niñas de 3 años, que en una de 4 años y mucho menos en una en la que ya tienen 5 años. Cada etapa se encuentra en un momento evolutivo diferente y, nosotras, como docentes, debemos adaptar los espacios al nivel madurativo, y los intereses y necesidades del grupo que esperamos el nuevo curso.

Lo mejor es hacer un listado de todos los espacios que necesitamos organizar en nuestra aula. Más adelante os explicaré los diferentes espacios que para mí son los principales y de otros que podemos añadir o ir cambiando según el grupo y sus necesidades.

En esta lista podemos añadir, dentro de cada espacio, qué mobiliario o qué objetos queremos que tenga. Por ejemplo, si en el aula hay una biblioteca de madera colgada en la pared, debemos de tener en cuenta que esta la queremos en el espacio de lectura y de teatro. Por otro lado, si tenemos una pizarra de tiza, podemos pensar en montar el espacio de arte cerca de ella.

¿QUÉ MOBILIARIO U OBJETOS DEL AULA DEBEMOS TENER EN CUENTA?

Hay mobiliario que nos puede impedir poner un espacio u otro, como por ejemplo la puerta de la clase, las ventanas, los radiadores, el espacio correspondiente a la pizarra, la pica o lavabo, etc. Podemos aprovechar la luz de las **ventanas** para crear espacios que necesiten más luminosidad, como un espacio de arte y creación.

Delante de la **pizarra** también podemos valorar si queremos no poner un espacio para poder hacer una zona donde encontrarnos todos en círculo y hacer actividades conjuntas.

Sabemos que donde están los **radiadores** no podemos poner nada delante que los tape como estanterías. Por ello podemos aprovechar la zona para poner una mesa con sillas, poner algún espacio que vaya en el suelo o con alfombra.

Cerca de la **puerta** de entrada al aula no podemos poner ningún espacio que ocupe mucho, ya que es una zona de paso y necesitamos que quien entre y salga no moleste a los niños y niñas que trabajan en los espacios cercanos.

Cada aula tiene sus particularidades y tenemos que analizar y saber ver que zonas van mejor o peor para los diferentes espacios.

¿CÓMO ALMACENAR EL MATERIAL?

Es importante guardar el máximo de material para dejar la clase visualmente tranquila, en armonía y descansada.

Si tenemos armarios, estanterías y zonas de almacenaje, vamos a sacarlas y guardar lo que vamos a usar durante este curso. Todo el resto podemos llevarlo a alguna zona de almacén del centro. De esta manera solo guardaremos lo imprescindible y tendremos espacio nuevo para lo que necesitamos guardar, que hasta ahora estaba a la vista y ocupaba espacios que podíamos necesitar para mejores propósitos escolares.

Podemos decidir qué materiales dejar al alcance para que el alumnado sea más autónomo y qué materiales guardar porque no queremos que los manipulen ellos solos. También podemos dividir el material por los espacios que pondremos y dejar estos materiales cerca de cada zona. Podemos separar los materiales que vamos a usar más dejándolos a la vista y dejar más guardados aquellos que usaremos menos.

Las actividades con el grupo entero son menos frecuentes en nuestro día a día, y es por eso que habrá mucho material del cual no necesitamos tener 25 de cada uno. Por ejemplo, una actividad grupal en la que cada alumno necesite un lápiz se puede dar con más frecuencia que otras actividades en las que puedan necesitar 25 pizarras pequeñas o 25 tijeras a la vez. Este último material lo utilizaremos en el espacio correspondiente y en este, como mucho, podemos ser 6 u 8 alumnos a la vez. Así que solo necesitamos un máximo de 8 materiales de cada. El resto; mejor guardarlo.

¿CÓMO REPARTIMOS EL MATERIAL Y MOBILIARIO POR LOS ESPACIOS?

Llegados a este punto, debemos pensar qué mobiliario nos interesa más tener en un espacio en concreto: qué mesa escoger y cuantas sillas colocar en cada rincón.

Dependiendo de las estanterías que tengamos o las zonas de almacenaje que podamos mover, podemos montar un espacio u otro.

Si tenemos mobiliario abierto del cual pueden coger material y está a su altura, podemos pensar en poner en ese sitio un espacio que necesite mucho material, como el de juego simbólico, para tenerlo más ordenado y hacer más fácil y simple el momento de recoger para los niños y niñas.

INSPIRACIÓN

Para poder ofreceros más ideas, imágenes e inspiración sobre cómo organizar vuestras aulas, os comparto un tablero digital que he creado en "Pinterest" con muchas fotografías de diferentes espacios, aulas, y escuelas del mundo donde trabajan de esta manera.

Como he comentado anteriormente, cada docente en su aula
se encuentra con unas características, un mobiliario y un material determinado, pero si de
verdad nos proponemos hacer
este cambio, todas las ideas son
bienvenidas para adaptarlas a
nuestras realidades y ayudarnos
a organizar nuestra aula.

ESPACIOS

En este apartado, os voy a ir mostrando los diferentes espacios que en mi experiencia son esenciales y necesarios, siempre adaptados a cada edad. Dentro de cada espacio, os explicaré porqué creo que es necesario, cómo debe ser, cómo lo podemos gestionar y algunos ejemplos de actividades para proponer en estos.

En cada espacio os dejo varios ejemplos de propuestas y actividades que he vivido en primera persona en diferentes momentos de mi experiencia educativa. En la gran mayoría de los ejemplos, os comparto documentos para descargar e imprimir. Con la cámara del móvil podéis captar el código QR y se os abrirá un enlace con los documentos de las actividades.

En algunos apartados he creado un tablero de "Pinterest" con muchas imágenes y ejemplos de diferentes espacios de escuelas y países. En mis propias imágenes podréis ver algunas de las ideas que os quiero compartir, aunque debido a que mi material y mobiliario son limitados, me ha parecido muy interesante añadir otros ejemplos que podéis ver también captando el código QR con vuestro móvil.

Sabemos que cada escuela, cada aula, y cada grupo de alumnos es diferente y particular. Por eso, lo que explico a continuación os puede resultar de ayuda o no. A mí me gusta coger las ideas y adaptarlas a las necesidades que encuentro cada curso, de manera que cada propuesta que veo es una idea nueva para mis actividades.

3.1. ESPACIO ARTÍSTICO

¿POR QUÉ NECESITAMOS CREAR?

La creatividad es placentera y nos ayuda a extraer emociones y ponerle forma a lo que sentimos. A muchos niños y niñas les ayuda a expresar sus emociones y realidades.

Cuando pintamos un dibujo impreso, nuestra creatividad no es necesaria, pues solo tenemos que seguir un patrón sin salirnos de unas líneas, y eso es aburrido. En cambio, dibujar y pintar con diferentes materiales, con inspiraciones de diferentes artistas, con propuestas en blanco o con propuestas a medio empezar permite a cada niño y niña expresarse y crear a su manera.

Para mí, la creatividad se trabaja creando composiciones con diferentes texturas, superficies, tamaños y posiciones, y experimentando y creando de manera conjunta o en solitario. Me parece muy importante ofrecer propuestas diversas porque en algunas nos podemos sentir más o menos cómodos, y para ello es necesario que las prueben y experimenten todas.

¿CÓMO DEBE SER ESTE ESPACIO?

Cerca de este espacio, justo a un lado, me parece interesante poner una estantería o una zona de almacenaje a la altura y disposición de los niños y niñas para permitir que cojan el material que necesiten para sus creaciones y composiciones. Siempre es muy recomendable dejarles claro si lo pueden hacer ellos solos o si tienen que preguntar y pedir permiso para coger el material.

Si tenéis pizarra de tiza grande, podemos poner esta zona justo en frente o al lado y aprovecharla para ofrecer más espacio y más propuestas artísticas en diferentes superficies y así trabajar los trazos más ampliamente. También podemos añadir una pizarra pequeña de tipo caballete.

En este espacio me gusta poner la mesa más grande que tengamos o incluso poner dos para ofrecer amplitud donde crear y tener espacio suficiente para poner folios DIN A3 o papel de mural. De esta manera, el alumnado no se molesta entre ellos, pero si al contrario quieren agruparse y crear conjuntamente, siempre tienen esa posibilidad. Es un espacio donde crearemos muy a menudo y necesitaremos dónde colgar o extender las creaciones que necesitan secarse antes de guardar. Podemos tener una cuerda encima para tenderlas o un mueble donde poderlas colocar.

¿CÓMO GESTIONAMOS ESTE ESPACIO?

En el aula necesitamos un espacio así, en el cual los niños y niñas puedan participar en el momento del día que mejor se sientan para ello.

En esta zona, muchas veces tendremos que saber quién pasa y quién no y decidir si queremos dejar que repitan la propuesta tantas veces quieran o no y así poder cambiarlo cada vez que lo veamos oportuno.

Se recomienda tener preparados materiales que recortar, enganchar o poder añadir si les inspira o apetece volver a sus creaciones.

Las propuestas que ofrecemos tienen que estar valoradas con antelación porque muchas maestras y maestros en infantil nos vemos solos en el aula la gran mayoría de las horas, y hay algunas actividades que requieren de mucha ayuda, mucha vigilancia y acompañamiento. Por ello, en este espacio, los niños y niñas deben poder trabajar en su gran parte del tiempo de una manera bastante autónoma.

En nuestro centro les explicamos que en ese espacio deben llevar la bata de pintura para que ellos mismos vayan a buscarla y ponérsela si quieren participar de la actividad que se propone.

EJEMPLO PLANTILLAS DE PLASTILINA

Una propuesta sencilla, divertida y perfecta para empezar sería poner plantillas de platos de comida vacíos, caras vacías, manos sin uñas, etc., y en medio de la mesa dejamos bolas de plastilina de colores y herramientas para cortar la plastilina.

Es una propuesta que funciona sola, no necesita nuestro seguimiento, y nos permite estar en el sitio del aula que sea más necesario en ese momento. El alumnado puede trabajar su creatividad y su imaginación añadiendo ingredientes, partes de la cara o uñas de colores, anillos, pulseras, formas y tamaños que se les ocurra.

Nosotros podemos ir observando y apuntando notas de cada niño y niña para saber en qué proceso está según lo que añaden, y les podemos preguntar que nos expliquen qué han hecho. De esta manera, veremos el vocabulario que tienen sobre los alimentos, las partes de la cara, los colores, etc.

En mi experiencia me he encontrado niños y niñas que en ese momento no les apetece seguir con esa plantilla y prefieren crear otras formas con la plastilina. Yo les dejo crear, pero igualmente me gusta seguir ofreciéndoles diferentes plantillas que pueden ayudar a otros alumnos que necesitan una motivación para crear.

Estas plantillas son un ejemplo básico que nos permitirá más adelante crear otras sobre sus intereses, las épocas del año, los animales, sus nombres, etc.

En este código QR tenéis diferentes plantillas que podéis imprimir en DIN A3 o A4, plastificar y listas para crear.

EJEMPLO PINTURA CON ESPUMA

Una propuesta que podemos ofrecer es pintar con espuma. Ponemos en la mesa un folio DIN A3, unos vasos donde habremos mezclado espuma de afeitar y pintura de diferentes colores, y unos pinceles.

Esta manera de pintar es muy suave y placentera, pues la textura, el olor y la novedad les encanta y les ayuda a relajarse mientras crean.

En esta actividad sí que estaremos más presentes en el momento en el que un niño o niña haya acabado para poder ponerle el nombre (según la edad), colgarlo o ponerlo a secar en otra parte y poner otro en blanco para el siguiente. Si son más mayores y tienen estas dinámicas aprendidas, podemos dejar lápices en la mesa y recordarles que pongan su nombre por detrás antes de empezar e indicarles dónde poner su creación una vez hayan acabado.

EJEMPLO MANDALAS CON PIEZAS SUELTAS

Esta propuesta también es muy sencilla y funciona sin nuestra vigilancia tan directa. Podemos tener tapetes o manteles circulares de diferentes materiales o, si no tenemos, incluso podemos imprimir en un tamaño grande unos círculos o algunas formas como los del ejemplo que os añadiré para descargar en el QR.

Para realizar estas creaciones, es interesante poner en mitad de la mesa materiales de tamaños, colores y formas diferentes, siempre organizados y clasificados. A estos materiales se les conoce como piezas sueltas; hay un libro de esta misma colección titulado *Propuestas Educativas con Piezas Sueltas*, escrito por Elena Casadevall y Montse Pastra, donde podemos conocer más sobre este material. Os dejo un listado e imágenes de ejemplos:

◇ Botones

◇ Piedras

◇ Piñas

◇ Tapones de corcho

◇ Pinzas

◇ Formas hechas de tela de fieltro

◇ Animales pequeños

◇ Plumas

◇ Palos

◇ Piezas de madera de diferentes tamaños y formas

◇ Muñecos de madera

◇ Frutos pequeños (bellotas, piñones, castañas, etc.)

◇ Pasta de formas

◇ Flores

EJEMPLO COPO DE NIEVE CON CERA

Otra propuesta que os quiero compartir es pintar con cera blanda en papel celofán. Me gusta poner diferentes trozos de papel celofán de diferentes colores, según la propuesta, pegado encima de diferentes dibujos.

En este ejemplo en concreto, ofrecí diferentes copos de nieve y el papel de celofán era de color azul. Con las ceras blandas blancas, el alumnado repasaba los dibujos por encima del papel celofán y, al transparentar y ver el dibujo que hay debajo, los anima a seguir las líneas que ven debajo.

Es una propuesta que puede parecer muy dirigida, pero si se les deja crear y experimentar, pueden dibujar y pintar más allá de lo que han seguido, a la vez que trabajamos el trazo horizontal, vertical y diagonal.

3.2. ESPACIO DE EXPERIMENTACIÓN

¿POR QUÉ NECESITAMOS EXPERIMENTAR?

Este espacio nos permite trabajar a través de la sorpresa y de la diversión. Muchos alumnos lo necesitan para desconectar, relajarse, desfogarse, conectar con ellos mismos, disfrutar, etc. Es un espacio que ofrece muchas posibilidades de experimentar con la sensibilidad y los sentidos. Los niños y niñas más sensoriales aprenden de una manera más manipulativa y agradable para ellos.

Son propuestas que pueden parecer demasiado lúdicas y nada educativas, aunque les permitan aprender y descubrir de un modo mucho más fácil para unos alumnos que muchas veces no están incluidos en las dinámicas de actividades grupales.

Con grupos de más edad, este espacio se puede utilizar como una zona de investigación o descubrimiento donde poner propuestas y materiales con retos, preguntas e hipótesis que estemos trabajando en gran grupo clase. Se pueden añadir enciclopedias o libros adecuados para la edad sobre el tema que se está investigando.

Aunque parezca que va a ser uno de los espacios más deseados, sigue habiendo niños que pueden mostrar rechazo a él por los materiales. Pero al ofrecer estas propuestas, invitamos a esos niños y niñas a probar de tocar y manipular texturas y materiales que en otros contextos no harían.

¿CÓMO DEBE SER ESTE ESPACIO?

Es importante que este espacio sea amplio y accesible por todo el alrededor del material para que haya un acceso fácil y el contacto entre los alumnos sea el deseado por ellos y no se sientan agobiados.

Este espacio puede ser diferente cada semana para cambiarlo y adaptarlo a las propuestas.

Dependiendo del material que tengamos a nuestra disposición, usaremos bandejas, mesas u otros elementos. Una buena práctica es tener toda la propuesta, o la mayoría de ella, en una bandeja para poderla recoger, guardar y volver a colocar con facilidad en el caso de necesitar ese espacio para desayunar.

Otra opción es añadir al aula una bandeja en el suelo, ya que no se necesitará recoger y guardar para la vida práctica del aula.

¿CÓMO GESTIONAMOS ESTE ESPACIO?

Es un rincón del aula en el cual la mayoría del alumnado querrá estar, pero si hay muchos niños y niñas no se puede disfrutar porque no hay material ni espacio para hacerlo. Para que eso no pase, debemos explicar bien al grupo las normas del funcionamiento de ese espacio como, por ejemplo, la cantidad máxima de alumnos que pueden estar a la vez, qué pasa si se cae algo al suelo, dónde se tiene que trabajar (no salir de la bandeja, de la mesa, etc.), si deben ponerse la bata para acceder al espacio, como se tiene que tratar el material, etc.

Un truco para que se escampe menos el material, para delimitar la zona y poder recoger más rápido y fácilmente es poner una sábana en el suelo, debajo de la mesa o bandeja, siempre más grande la sábana que la propuesta. De ese modo, si se cae o se sale algún material, caerá en la sábana, y no se esparcirá por el suelo ni lo tendremos escampado por toda el aula. Para recoger también nos lo pondrá más fácil; solo tendremos que volcar la sábana encima de la bandeja todo lo que ha caído en ella. Esta estrategia ayuda a delimitar el espacio y les es más fácil de entender y ver a muchos peques que no pueden salir de la zona, pues ésta termina donde acaba la sábana.

EJEMPLO ARCOÍRIS CON ESPAGUETIS DE COLORES

Durante la primavera trabajamos los colores del arcoíris y una manera de experimentar con ellos fue haciendo una propuesta con espaguetis de esos colores, formando un arcoíris.

Llevé al aula espaguetis hervidos y teñidos de los diferentes colores, los coloqué en forma de arcoíris y me pareció una buena idea poner herramientas para la plastilina, para que pudiesen experimentar y manipular con las manos y con tijeras, rodillos, etc.

Esta propuesta se puede hacer con diferentes materiales como arroz, garbanzos, arena mágica, chía y otros elementos que nos permiten teñirlos y llevar a cabo propuestas con diferentes texturas.

EJEMPLO PINTAR CON ONZAS DE CHOCOLATE

Durante la pascua, hay muchas actividades y propuestas atractivas para realizar en el espacio de experimentación. Una que siempre triunfa es pintar con chocolate en sus diferentes estados, como, por ejemplo, con una onza de chocolate negro y otra de chocolate con leche. Los niños y niñas pueden ver y experimentar con cual necesitan apretar más, cual pinta más oscuro, cual más claro, etc.

En esta propuesta, podemos dejar bastantes trozos de los diferentes colores del chocolate. Debemos recordar que no son para comer, sino para pintar, y podemos ofrecer folios, dibujos, papel de mural u otras bases donde pintar y experimentar con ellas.

EJEMPLO TRASPASOS CON ARROZ

En invierno, además de experimentar con nieve artificial, también me gusta poner diferentes materiales fríos y blancos, con otras texturas, para simular la nieve.

El arroz nos permite jugar y experimentar a través de traspasos con diferentes recipientes. Es un material fácil de combinar con otros más grandes y así jugar con los tamaños al intentar separarlos con coladores y otros utensilios. Es una base fácil de limpiar, recoger, y barrer debido a que es un material seco y duro. Junto con el arroz, podemos hacer combinaciones muy distintas con animales de invierno, utensilios de cocina, otros alimentos, etc.

EJEMPLO SERPENTINAS

En carnaval o en alguna celebración muy festiva, me gusta poner bases de confeti o serpentinas.

En el caso del confeti, me encanta poner máquinas que hacen el confeti cortando folios de colores o rompiéndolo con las manos; es una manera muy atractiva de trabajar la psicomotricidad fina.

En cambio, con la serpentina, me parece muy interesante poner tijeras y practicar a cogerlas y utilizarlas, aunque también hay niños que prefieren romperlas con las manos.

Es una propuesta en la que podemos añadir diferentes materiales festivos que tengan texturas, tamaños y utilidades diferentes. Por ejemplo, plumas, pompones, antifaces, etc.

¿POR QUÉ ESTE ESPACIO?

En educación infantil, nos gusta celebrar y explicar las festividades, y muchas veces hacemos alguna actividad o manualidad sobre ellas. Este espacio va a ser ideal para ello, pues como no siempre tenemos algo que celebrar, en esta mesa vamos a poder poner las propuestas que nos interese trabajar.

En algunos centros se trabaja por proyectos y se profundizan temas de investigación que pueden ser sobre el nombre del grupo o un tema decidido por todos y todas. En esta zona, vamos a poder dar ese espacio a trabajar e investigar sobre el proyecto, si así lo necesitamos.

Os voy a proponer un gran listado de temas que son perfectos para este espacio.

Podemos aprovechar y trabajar temas de interés del alumnado, como por ejemplo los animales, el espacio, los deportes, los oficios, los bebés, las diferentes festividades y días internacionales como Halloween, Navidad, el día del libro, etc., los aniversarios de la clase, y las diferentes estaciones del año y sus características con materiales de otoño, invierno, primavera o verano.

Trabajar con materiales sobre una temática que motiva, interesa y gusta a los niños y niñas hace que su participación y su aprendizaje sea divertido, pues al contrario de las fichas, les hacen crecer su confianza.

Usar cualquier tema de los que he nombrado nos permite trabajar diferentes aprendizajes como el conteo, la forma, las seriaciones, la situación espacial, y el vocabulario a través de juegos como el bingo, el *memory*, etc.

¿CÓMO DEBE SER ESTE ESPACIO?

Una buena opción puede ser una mesa con sillas donde poder trabajar las diferentes propuestas. En otra mesa aparte, pero más pequeña, podemos añadir un espacio con la decoración y los elementos de la estación del año en la que estamos o de la festividad que celebramos. Esta podría estar cerca o al lado para que nos permita trabajar con coherencia y sentido.

Este espacio nos puede servir como zona de investigación sobre un tema o el proyecto del grupo. Si decidimos que así sea, deberíamos preparar la zona con todo lo necesario.

¿CÓMO GESTIONAMOS ESTE ESPACIO?

La mesa de trabajo es un espacio que se adapta y, por eso, va a ser el más simple y sencillo de montar. Debemos tener muy bien programada cada semana la propuesta que vamos a querer ofrecer y tener claro cada cuando la vamos a cambiar. Quizá durante la semana hay un día que necesitamos el espacio para un aniversario u otra propuesta puntual, y por ese motivo, debe ser un espacio muy versátil y fácil de cambiar.

EJEMPLO BINGO OTOÑO

He visto que una parte del grupo no conoce suficiente vocabulario de otoño; he creado un bingo con imágenes del otoño y de esta manera espero que jugando recuerden y aprendan cómo se llaman algunas de las cosas del otoño.

Hay que explicar cómo funciona al principio el juego del bingo. Lo podemos hacer con un ejemplo en círculo con todo el grupo los primeros días, luego siempre hay algún niño o niña que coge el rol de ser quien dice las palabras para que los demás de la mesa tapen esas imágenes.

BINGO OTOÑO

EJEMPLO MEMORY SUSHI

Este trimestre ha llegado un alumno nuevo que viene de otro país, y les explico que no habla nuestro idioma, que tiene otra cultura y otros gustos. Lo tenemos que acoger, acompañar y conocer. Una de las preguntas que hicieron era si comía lo mismo y en la misma conversación otra alumna compartió que ella iba con su familia a comer sushi y cree que los cocineros son del mismo país. Lo apuntamos a modo de posible pregunta para hacerle y conocerlo. A raíz de todas estas conversaciones surgen muchas dudas e intereses sobre el sushi.

Para utilizar esta motivación, he creado un memory con diferentes sushis y lo he puesto durante esa semana en ese espacio.

Me pareció muy interesante aprovechar ese interés que fue creciendo para aprender nuevo vocabulario de otra cultura.

Es un grupo que ya sabe jugar al memory por parejas o en pequeños grupos, pero si no es el caso, primero podemos enseñarles a jugar poniéndonos en este espacio los primeros días para enseñar la dinámica del juego.

MEMORY SUSHI

EJEMPLO CUMPLEAÑOS

En este espacio podemos dar lugar a lo que se haga como centro educativo para celebrar los aniversarios de los niños y niñas. Podemos decorar la corona de cartulina, poner folios para que cada compañero escriba o dibuje algo para el cumpleañero, tener una cartulina para todos, etc. Hay muchas formas de celebrarlo y, para cada una, tenemos que buscar la que se adapte mejor al grupo, nos permita hacer el centro y en la que nos sintamos más cómodos para poder trabajar de una manera más coherente.

Me gusta poder poner una fotografía del niño o niña que cumple años en la mesa, para que todos tengan claro a quién le estamos celebrando y regalando. Me gusta decorarla con un pastel, y en nuestro caso teníamos uno hecho de plastilina, aunque ahora es de madera y le podemos poner tantas velas como años se cumplen.

Si al entrar a clase ven la mesa decorada, con la propuesta y la fotografía del niño o niña, a la segunda o tercera vez que celebramos un aniversario ya saben la dinámica de lo que tienen que hacer y saben qué significa, por lo que corren todos a felicitar a esa persona.

EJEMPLO ESPACIO

Este año, para carnaval, nos disfrazamos de astronautas y el grupo está muy interesado y motivado con el tema. En este espacio podemos ofrecer actividades con esta temática, aprovechando esas ganas de participar.

Algunos ejemplos pueden ser puzles, memory, ordenar de pequeño a grande, pintar planetas, vocabulario, etc. Os dejo algunas propuestas del espacio para imprimir y plastificar.

¿POR QUÉ ESTE ESPACIO?

Las actividades lógico-matemáticas son necesarias como todas las demás, así pues, crear una base en estas edades es muy importante. Estas actividades y propuestas que encontrarán en este espacio les crearán unos cimientos que más adelante necesitarán para entender los conceptos matemáticos.

¿CÓMO DEBE SER ESTE ESPACIO?

El espacio debe ser atractivo, y las propuestas que ponemos tienen que ser lo más manipulativas, más reales y experimentales posibles para que la experiencia sea lo más motivadora posible y a través de la práctica, observación y manipulación se desarrollen las habilidades y la resolución de conflictos.

Las propuestas no pueden ser aburridas, no puede dar la sensación que es un espacio donde se trabaja y no se juega; tiene que ser un espacio más, igual a los demás.

¿CÓMO GESTIONAMOS ESTE ESPACIO?

Podemos utilizar o crear material para trabajar diferentes conceptos lógico-matemáticos.

Este espacio es uno de los que podemos ir acompañando más a menudo para poder enseñar el material, observar la evolución de cada alumno, y después apuntar todo lo necesario. Algunas veces, este espacio lo vamos a llenar con las propuestas que nos ofrece la editorial que tiene nuestra escuela contratada, si es el caso.

EJEMPLO TANGRAM

Una propuesta puede ser poner las piezas del tangram con imágenes de figuras creadas con las piezas. Esto nos permite ofrecer varios niveles de dificultad y adaptarlo a cada etapa madurativa y grado de motivación de cada niño y niña.

Los más pequeños pueden copiar, poner las piezas encima, hacer creaciones nuevas con las piezas, para más adelante copiar al lado e ir subiendo el nivel y la dificultad, dependiendo del grupo, la edad y la evolución de la propuesta.

COHETE

EJEMPLO CONSTRUCCIONES

Una propuesta básica es poner construcciones; lo podemos ofrecer con diferentes materiales añadiendo personas o animales para darle simbolismo y ver que crean los niños y niñas.

Más adelante, podemos añadir algunas imágenes de edificios o casas y pedirles que hagan las construcciones imitando estos edificios.

EJEMPLO PATRONES

Una propuesta que me gusta añadir y poder seguir de cerca es la de copiar patrones, la cual consiste en ofrecer una imagen con una estructura o serie y pedir al alumnado que la copien. Con esta propuesta, podemos observar cómo se desenvuelven en la orientación en el espacio, si copian por simetría, si tienen alguna dificultad con la lateralidad, los colores, etc.

Os añado un ejemplo de copias de patrones imprimibles que se pueden hacer con cualquier material, como pompones, piedras, botones, tapones de botellas, etc.

PATRONES

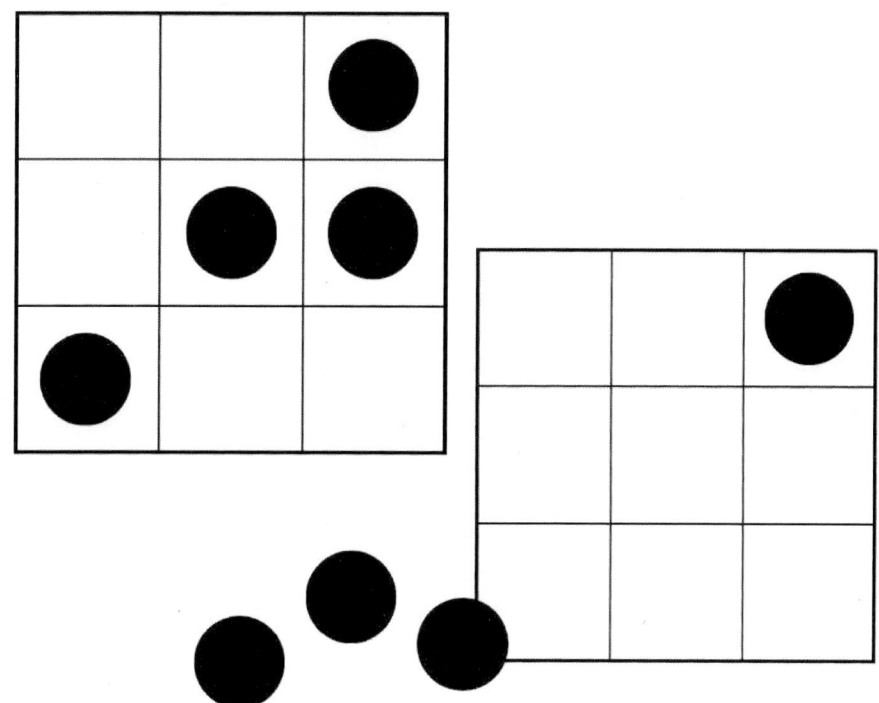

EJEMPLO SIMETRÍAS ARCOÍRIS

Una propuesta que gusta mucho es la de pintar diferentes simetrías de arcoíris.

Me gusta dejar las plantillas plastificadas junto a espejos pequeños y rotuladores de colores en la mesa. Cada niño o niña representa la mitad que falta con los colores que corresponden y lo comprueban con los espejos.

Otra opción es poner diferentes piezas de arcoíris cortados por la mitad para que busquen las parejas y resuelvan los puzles de las diferentes simetrías.

Os comparto las dos propuestas imprimibles de las actividades de las simetrías de los arcoíris.

Rainbow SIMETRÍA

EJEMPLO CUADRO DE DOBLE ENTRADA INVIERNO

Esta propuesta necesita acompañamiento las primeras veces, sobre todo en los grupos de 3 años. Es un material plastificado donde las piezas se tienen que clasificar en el cuadro de la cuadrícula, buscando la forma y el color correspondiente.

Es una propuesta que trabaja la identificación de formas, los colores y la situación en el espacio entre las columnas y las filas. Pueden jugar en parejas y que el otro niño o niña se lo corrija o le ayude a ver si todo concuerda, luego pueden cambiar los roles.

Os dejo una plantilla con objetos y colores de invierno, pero la podemos trabajar con diferentes relaciones a lo largo del curso, ya que necesita mucha práctica para ser entendida.

3.5. ESPACIO DE LECTOESCRITURA

¿POR QUÉ ES NECESARIO ESTE ESPACIO?

Antes de escribir, de leer, de hacer buena letra, o de seguir unas pautas necesitamos una base, y esta debe ser adquirida de manera placentera. Es un camino muy largo por el cual no podemos desmotivar a los niños y niñas, pues cada uno tiene su evolución y necesita un tiempo diferente. Por eso, es muy importante hacer actividades y utilizar materiales que se adapten a las diferentes evoluciones y realidades de todo el grupo.

Primero necesitamos ampliar el vocabulario, reforzar el habla, etc. Este paso lo podemos trabajar con cuentos, haciendo teatros con disfraces, y jugando a juegos en los que tengamos que expresar el vocabulario o trabajar los sonidos, etc.

Antes de enseñar como se escriben las letras, hay diferentes grafismos que tenemos que practicar; no de manera aburrida y repetitiva, sino con actividades y materiales divertidos.

Para iniciar la escritura, cada niño y niña tiene que sentirse libre de expresar lo que quiere sin ser corregido/a.

Las primeras escrituras pueden ser con dibujos para que ellos simbolicen esos sonidos. Más adelante, pueden pasar por diferentes fases en las que escriban solo las letras o las vocales que a ellos les suenan para seguir progresando hasta escribir las palabras tal y como suenan.

Estén en la etapa que estén, hay que motivar e incentivar que escriban siempre con alguna finalidad, con sentido, con objetivos que les sean motivadores.

Algunas propuestas básicas y sencillas surgen de las necesidades del día a día y la cotidianidad, como por ejemplo hacer una lista (mirar qué falta comprar para casa, qué queremos para nuestra fiesta, regalos que nos gustarían, etc.), escribir una nota para algún ser querido, algún familiar o amigo o escribir invitaciones a cumpleaños, postales de navidad, notas en los dibujos que regalan, etc.

¿CÓMO DEBE SER ESTE ESPACIO?

Este rincón es importante que esté lleno de estímulos indirectos con letras con imágenes, en cuentos o carteles. Necesitamos tener propuestas de lenguaje y vocabulario para que cada niño o niña acceda a ello cómo le interese y necesite.

Por otra parte, también es importante que sea acogedor, tranquilo y cómodo. En este rincón, siempre es muy buena opción añadir alfombras o cojines para sentarse y disfrutar de la lectura y el momento.

¿CÓMO GESTIONAMOS ESTE ESPACIO?

He comentado antes que tiene que ser un espacio con estímulos lectores, pero a la vez tranquilo. ¿Cómo podemos hacer esto posible? Pensando muy bien qué propuesta ponemos cada semana, sin sobrecargar el espacio y dejándolo estéticamente agradable a la vista. Si estamos atentos a qué les interesa en cada etapa del curso, podemos aprovechar para poner material y cuentos sobre esos temas.

Es un espacio muy cambiante y por ello es posible que a lo largo del curso sea muy diferente y añadamos material y mobiliario que se adapte a sus necesidades. Por ejemplo, si tenemos un teatro con cortinas para jugar con las marionetas, podemos añadirlo cuando veamos que el grupo se interesa y crea historias o juega con las marionetas a un juego simbólico que podemos enriquecer añadiendo el pequeño teatro.

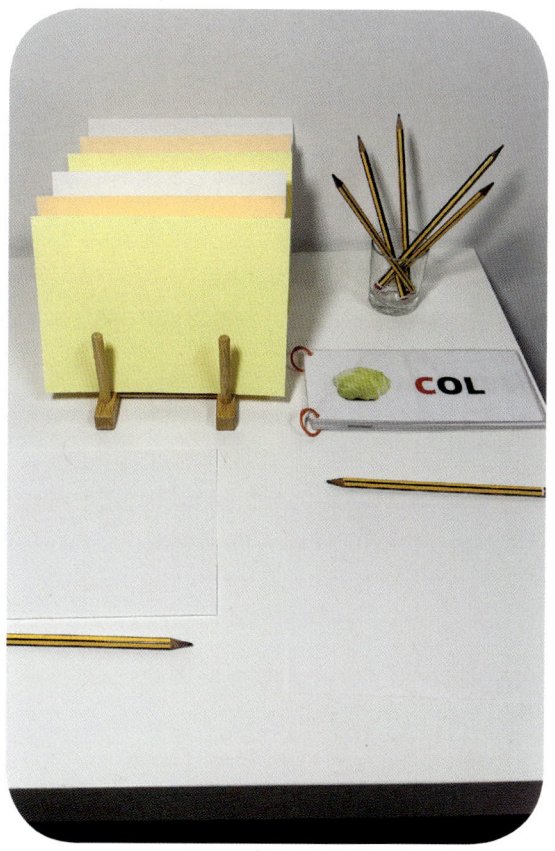

EJEMPLO GRAFISMOS CON AGUA

La propuesta es que, por parejas o individualmente, cada niño o niña dibuje los diferentes grafismos que quiera, copiando o inventando con la tiza en la pizarra. Después, él mismo o la pareja los borrará con el pincel mojado en muy poca agua. Esta propuesta puede variar dependiendo de cada alumno, algunos harán dibujos más libres o escribirán nombres.

Esta propuesta permite trabajar el grafismo en todos los diferentes niveles de preescritura en los que esté nuestro grupo.

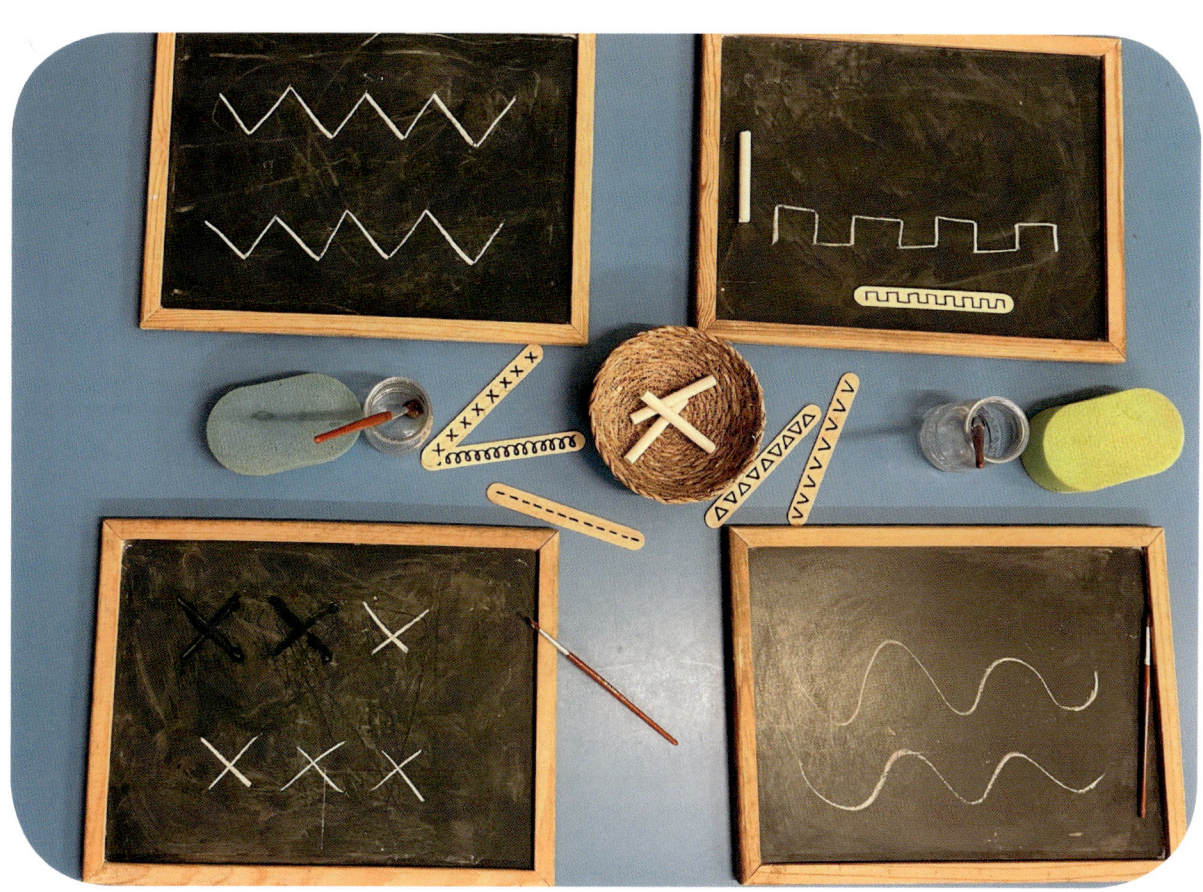

EJEMPLO INICIAL CON CORAZONES

Esta actividad la propuse después de explicar el cuento "¿De qué color es un beso?". La idea era llenar de besos (los corazones) la letra inicial de su nombre. Dependiendo del grupo, podemos dar las iniciales escritas, les podemos pedir que busquen la suya o que la escriban ellos mismos. Después, con pegamento de barra, van escogiendo los corazones de los colores que quieren y los van pegando a lo largo de la inicial.

Una vez acabada la actividad plástica, les pregunté qué colores habían puesto y si me podrían decir algún objeto, animal o cosa que fuese de ese color, trabajando así los colores, como en el cuento.

EJEMPLO SOMBRAS CON MARIONETAS DE CUENTOS

Esta semana hemos explicado un cuento que les ha gustado mucho, y quisimos aprovecharlo para trabajar su vocabulario y personajes. Imprimimos sus personajes, los recortamos y los pegamos en cartulina negra y en unos palitos de madera para hacer las marionetas.

Con este material podremos hacer dos o más propuestas: una con el cuento para provocar que hagan los diferentes diálogos de este con las marionetas, y otra con linternas para que representen el cuento con sombras.

Si disponemos de un teatro pequeño, podemos añadirlo con las marionetas.

EJEMPLO SOPA DE LETRAS

Nos encontramos con un grupo que empieza a escribir su nombre, que piden escribir el nombre de sus familiares o sus amigos. Una propuesta es poner hojas con cuadrículas al estilo de la sopa de letras, pero en tamaño grande. Os adjunto el documento para hacerlo.

Pedimos que en cada cuadrado escriban una letra para que en cada fila vayan escribiendo los diferentes nombres que quieran. Una vez esté todo escrito, les pedimos que rellenen los cuadrados vacíos con las letras sueltas que ellos quieran. Ahora ya tienen toda la hoja llena y si lo plastificamos, pueden jugar muchas veces con diferentes personas a buscar nombres.

Me parece una propuesta muy bonita para llevar a casa y jugar con la familia.

BUSCA MI NOMBRE:

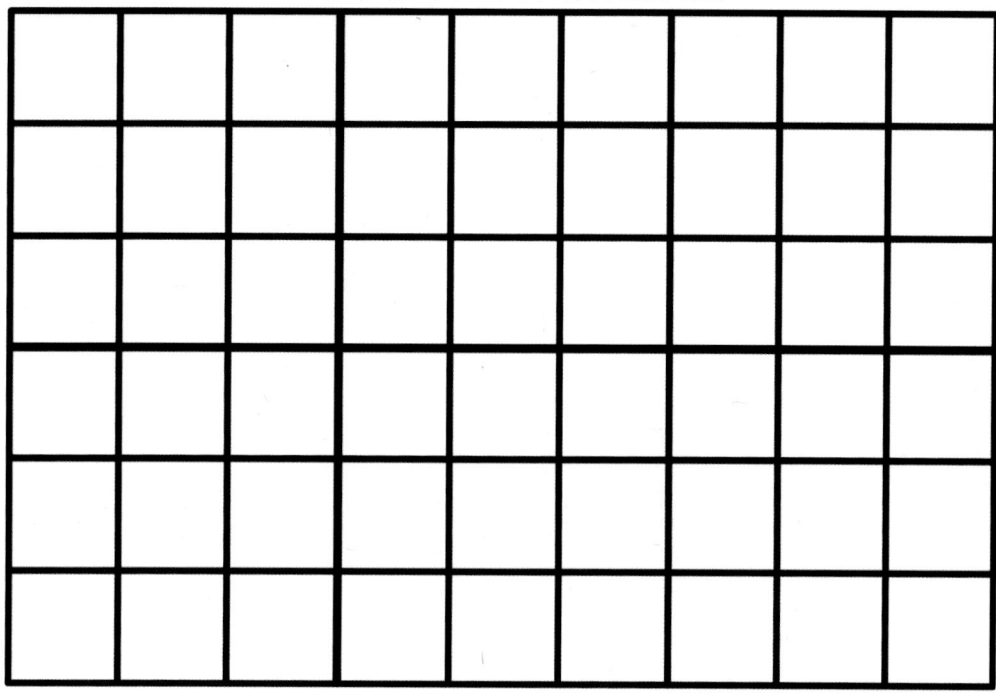

EJEMPLO NOMBRES DE LOS PERSONAJES EN EL TECLADO

Una propuesta para introducir las letras y el vocabulario es poner en la mesa que acompaña el espacio de la biblioteca, diferentes láminas con los personajes y sus nombres, del cuento que hemos explicado y estamos trabajando en clase.

Un ejemplo para acompañar esta propuesta puede ser añadiendo un teclado plastificado y unos rotuladores. Con cada color, pueden buscar y pintar las letras de cada nombre de los personajes.

Otra opción, si tenemos el material, es añadir unas anillas transparentes de colores para que con cada color tapen las letras del nombre de cada personaje.

UNIVERS

ASTRONAUTA

Q W E R T Y U I O P
A S D F G H J K L
↑ Z X C V B N M ⌫
@mestraambsort 123 🌐 🎤 ___ ↵

EJEMPLO RULETA DE CUENTOS

Os traigo una propuesta que podemos añadir después de explicar los diferentes cuentos del trimestre, mes o estación, dependiendo de cómo os organicéis. Necesitamos tener una ruleta, que puede ser la famosa de madera o una hecha de cartón.

Imprimimos y recortamos las imágenes de los protagonistas de los cuentos, las plastificamos y ponemos un velcro o masilla adhesiva "Blu Tack" para ponerlas en la ruleta.

Podemos ofrecer la actividad de diferentes maneras, según el grupo. Pueden buscar el cuento donde sale ese protagonista, teniendo que decir el título, explicando el cuento, escribiendo el título o el nombre del personaje, etc.

EJEMPLO GRAFISMOS COPO DE NIEVE

Esta propuesta es bastante libre y creativa. Trata de poner diferentes tiras de los colores del invierno en medio de la mesa, y diferentes tarjetas, palos o imágenes de grafismos. En cada tira pueden dibujar grafismos diferentes, incluso se los pueden inventar. Cuando tienen cuatro tiras acabadas, con cola de barra van poniendo pegamento en el centro de estas y las van pegando formando el copo de nieve.

Es una propuesta que se puede adaptar y en la que podemos añadir más o menos tiras, pegatinas, purpurina, rotuladores, una cinta para colgar el copo, etc.

3.6. ESPACIO DE JUEGO SIMBÓLICO

¿POR QUÉ EL JUEGO SIMBÓLICO?

Con este material los niños y niñas aprenden a relacionarse mientras estimulan sus competencias sociales, así como sus habilidades de cooperación y trabajo en equipo.

En este espacio, se trabaja el vocabulario a través del juego y las conversaciones que surgen. Los alumnos pueden reproducir e imitar escenas que hayan vivido en casa o que vean realizar a sus familiares en su vida cotidiana, aprendiendo a comportarse de manera diferente.

Es necesario para que puedan crear cada uno una manera de relacionarse, de ser y conocer sus gustos y preferencias en ese ámbito. También les ayuda a conocer y dominar su propio cuerpo y a trabajar las habilidades motrices comunes en la vida cotidiana como servir, barrer, tender ropa, etc. Por lo tanto, es una gran herramienta para conocer el entorno próximo y el funcionamiento de los objetos de la vida real.

Es un espacio que les permite exteriorizar sentimientos y emociones a través de la teatralización de las situaciones.

¿CÓMO DEBE SER ESTE ESPACIO?

Debe ser amplio, con espacio para realizar todos los movimientos y actividades que el juego nos propone. El mobiliario y el material que utilicemos debe ser lo más real posible para que la simulación y la representación sea lo más parecido a la vida real.

Es buena idea pedir a las familias que quieran ayudar que aporten algún material para ampliar el espacio. Por ejemplo, si tenemos algún familiar que trabaje en una frutería, un hospital, un taller, que haya tenido un bebé hace poco, etc., les podemos pedir cajas de frutas vacías, algún material quirúrgico como cajas de guantes vacías, mascarillas, pañales que les queden ya pequeños a los bebés, ropa que se haya quedado pequeña, etc.

Tal y como va creciendo el espacio, les podemos hacer partícipes de crear material para este y que nos ayuden a preparar los carteles, o preguntarles qué creen que falta.

¿CÓMO GESTIONAMOS ESTE ESPACIO?

Este espacio debe estar siempre ordenado, y para ello podemos imprimir imágenes del material y engancharlo en los lugares donde va cada cosa. Tenemos que explicar y compartir con los alumnos la importancia de este orden para que ayuden y lo mantengan lo más ordenado posible, ya que de esta manera seguirá siendo atractivo, agradable y calmado. Los primeros días, van a necesitar que les ayudemos y les repitamos donde va cada cosa, pero con la rutina, acabarán aprendiendo a recoger.

Es importante prestar atención a cómo juegan, con qué objetos, como va evolucionando su juego en ese espacio y tener la capacidad de añadir o cambiar material.

EJEMPLO JUEGO DE MÉDICOS

Para montar un espacio de juego simbólico de médicos, tenemos que buscar el material que haya en el centro o en casa, pero también es importante añadir material real como guantes, mascarillas, vendas, termómetro (aunque no funcione muy bien, si salen números, ya es ideal).

A mí me gusta imprimir diferentes láminas y plastificarlas para decorar el espacio y hacerlo más realista como, por ejemplo, alguna radiografía, la lámina de letras para hacer la prueba de la vista, imágenes reales de partes del cuerpo, etc.

Me gusta añadir fichas médicas para poder rellenar por parte del niño o niña que juega a ser el médico sobre los pacientes. Os dejo una muestra descargable para poderla utilizar. En ella, pueden escribir el nombre del alumno, su edad, peso, altura, temperatura, donde le duele y un espacio para que el médico firme. Es una manera de jugar e incentivar a la escritura libre.

Otra propuesta sería añadir sobre la lámina de letras, jugando a médicos y que un alumno le pida a otro que se tape primero un ojo y luego el otro y diga las letras que ve.

Podemos ampliar la propuesta con una lámina plastificada con la imagen de todos los dientes para que cada médico marque qué dientes se le han caído al paciente, apuntar el número total de dientes que se han caído, etc. Lo mejor es empezar a trabajar con el grupo en el que ya han empezado a caer los dientes.

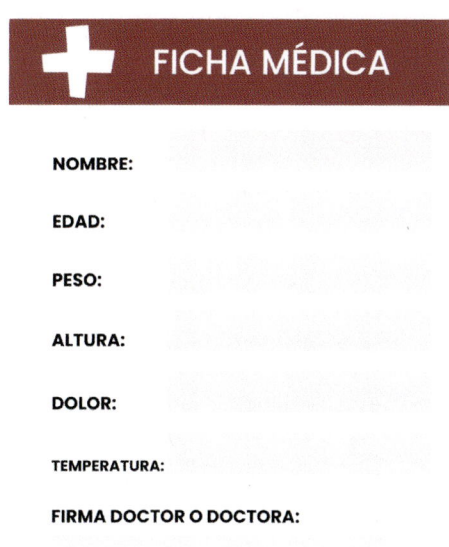

FICHA MÉDICA

NOMBRE:

EDAD:

PESO:

ALTURA:

DOLOR:

TEMPERATURA:

FIRMA DOCTOR O DOCTORA:

M L A
B C D E
F G H I J
K L M N O P Q
R S T U V W X Y Z

A B C D E F G   H I J K L M N

O P Q R S T   U V W X Y Z

EJEMPLO JUEGO VETERINARIO

En este espacio de juego simbólico, podemos trabajar y aprender los cuidados de los diferentes animales y el vocabulario de las diferentes herramientas que usan para los cuidados. Aprovechando que es un tema que les gusta, podemos pedir que escriban el nombre de la mascota.

Si tenemos peluches (podemos pedir que los traigan de casa), en vez de veterinario podemos montar un centro de animales para acoger y adoptar.

Os adjunto un documento con etiquetas que podemos imprimir y plastificar, lazar con una cinta para que se las puedan colgar a los collares de las mascotas con el nombre de estas.

NOMBRE DE LA MASCOTA:

_____

NOMBRE DE LA MASCOTA:

_____

EJEMPLO JUEGO TIENDA

El espacio de juego simbólico de tienda lo podemos adaptar a la época del año o festividad en la cual nos encontremos. Un mismo mobiliario puede ser cambiado para hacer que en esa tienda se vendan diferentes categorías.

Podemos aprovechar que trabajamos en el huerto del colegio para hacer que se venden verduras, frutas y hortalizas. En este caso, trabajaremos y ampliaremos el vocabulario de estos alimentos.

Para otoño, podemos vender algún alimento típico de nuestra zona. En mi caso, nos gusta jugar a vender castañas, boniatos, pasteles (panellets en mi región), etc.

Cuando llega el día del libro podemos hacer una parada de cuentos, y en Navidad se pueden vender adornos para el árbol. Otra opción puede ser vender pizzas y dejar que elijan los ingredientes. En verano, podemos vender helados de diferentes sabores, y si en el grupo nace algún tipo de interés sobre cualquier tema, podemos aprovecharlo y montar una tienda sobre ello.

En todos los casos es una manera de introducir la moneda como cambio, el vocabulario de todas las opciones y el conteo de las cantidades que nos pidan y vendamos.

¿QUÉ PESA MÁS?

OTROS ESPACIOS POSIBLES

ebemos de adaptar todas estas opciones a nuestra manera de trabajar y a la línea pedagógica y organizativa de cada centro. Dependiendo de cada aula y del grupo de edad, podemos añadir más espacios y estos pueden ir variando durante el curso y con la evolución del grupo.

Os dejo la explicación con algunos ejemplos y propuestas de otros espacios diferentes a los que he explicado anteriormente.

ESPACIO DE RUTINAS

En muchos centros y cada vez en más, podemos encontrar una parte del horario que se destina a trabajar en asamblea para darnos los buenos días, recordar las rutinas y compartir cómo estamos.

Es un espacio en el que encontramos generalmente un calendario mensual y uno semanal, los cumpleaños del grupo, fotografías de toda la clase para poder clasificar en casa y en el colegio, los niños y niñas que han venido y los que no, así como encontrar un apartado para trabajar el tiempo, otro con la secuencia de las actividades que haremos ese día, etc.

Debe ser un espacio que permita sentarnos a todo el grupo juntos en círculo cerca de una pared; algunas veces lo podemos acompañar con una pequeña mesa o rincón donde poder guardar o dejar material para trabajar y seguir estas rutinas.

Por ejemplo, podemos tener unos botes para trabajar la estadística del tiempo, un cesto donde guardar las fotografías de los niños y niñas, una cajita donde guardar imágenes del tiempo y poder escoger la que hace ese día, etc.

115

Este espacio es muy aconsejable al inicio de curso, de trimestre, en días festivos, días especiales, pero sobre todo en los grupos de 3 años. Estos días siempre hay niños y niñas que están más sensibles, más nerviosos y que necesitan un espacio donde estar a gusto jugando a algo que les encanta como puede ser con coches, animales, construcciones, etc.

A mí personalmente me gusta ir cambiando el material de las construcciones porque en el mismo grupo siempre podemos tener a niños y niñas a los que les cuesta más las piezas más pequeñas y a otros que las grandes ya les aburren. Al ir variando, todos disfrutan, a la vez que todos practican con otras opciones que en otros casos no probarían.

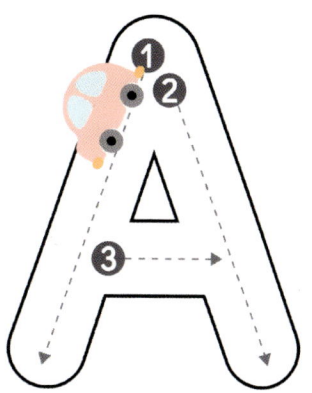

ESPACIO DE MOVIMIENTO

Algunos niños y niñas, durante las horas de estar en el aula necesitan moverse y sacar energía y hay muchas veces que sin poder gestionarlo se ponen a correr por el aula.

Es por eso que, dependiendo del grupo y de ese alumno, podemos valorar tener un pequeño espacio con algún material que les ayude a moverse. Por ejemplo, con una tabla de madera curva donde hacer equilibrio, una colchoneta donde tumbarse o hacer volteretas, alguna zona de escalada o barras para subirse, etc.

Es muy aconsejable tener en el aula un espacio donde acceder en momentos en los que los niños y niñas se sienten alterados, por emociones que no pueden o no saben gestionar solos y sin ayuda.

Una opción para este espacio es estar cerca del espejo; esto les permitirá verse reflejados y poder reconocer las emociones que están sintiendo. Este espacio debe estar acompañado de una caja llena con materiales muy diferentes para poder dar respuesta a todas las necesidades de cada niño y niña. Cada alumno puede necesitar diferentes acciones para controlar y gestionar sus emociones.

Estos materiales pueden ser objetos antiestrés para apretar o mover, láminas que nos ayuden a controlar la respiración, plumas u objetos para masajear, imágenes con acciones que imitar, etc.

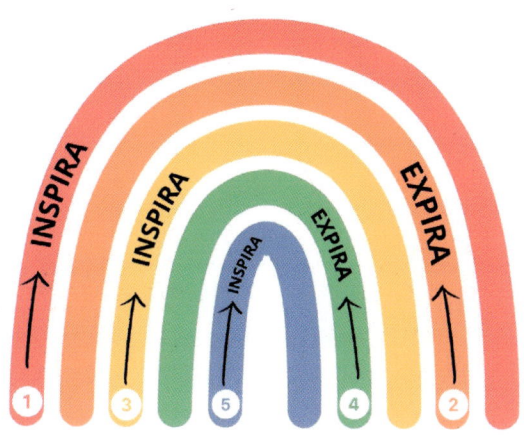

RESPIRACIÓN
ARCOÍRIS

@mestraambsort

ESPACIO ESCONDITE

Una propuesta que podemos añadir si el mobiliario y el espacio nos lo permite, es una casita para esconderse, puede estar donde el espacio de la biblioteca para leer o relajarse, o en el espacio del juego simbólico.

Este escondite lo podemos crear con una caja o una mesa tapada con una sábana o una tela, cortada por un lado en forma triangular para poder hacer la entrada al escondite.

Para hacer este espacio un poco más atractivo y agradable, podemos poner alfombras o cojines dentro y alguna decoración por fuera.

ESPACIO IMANES

Es un espacio que puede servir para jugar y trabajar diferente vocabulario. Ofrece a los niños y niñas con necesidad de ordenar o alinear los objetos el poder hacerlo con estos imanes, en un espacio amplio. También tienen la opción de utilizarlos para representar haciendo juego simbólico o teatro.

Se puede utilizar la pantalla o pizarra blanca si son magnéticas, una placa o lámina magnética, etc. En mi aula, tengo la suerte de tener una pantalla blanca y puedo ofrecer un espacio muy amplio para jugar con ellos.

ESPACIO MINIMUNDOS

Los minimundos son unas propuestas libres con material no estructurado que permiten representar momentos de la vida real o escenarios inventados en una escala reducida. En los minimundos, podemos añadir animales o personas en miniatura, materiales naturales como maderas, palos, tierra, piedras u otros, dependiendo de qué escenario queremos representar.

En este caso os enseño un pequeño ejemplo de minimundo de la sabana, porque esa semana había surgido interés por esos animales y habíamos explicado cuentos sobre la sabana y algunos animales que se encuentran en esta.

Esta propuesta la podemos poner en una mesa pequeña, en alguna bandeja o cajón en el suelo. A mí me parece muy interesante aprovechar el tema que interesa, que queremos trabajar o el cuento que estamos descubriendo para crear el minimundo.

CONSEJOS PARA ORGANIZAR LOS ESPACIOS

Se puede utilizar un mueble o estantería que sea accesible por los dos lados para separar espacios. Este mueble puede guardar el material del espacio que quede más cerca. Esta manera de colocarlo nos permite romper con la dinámica de un espacio con el otro.

GUARDAR MATERIAL DE LA SEMANA

En la última aula en la que trabajé por espacios, funcionaba muy bien tener en las estanterías dos cajones vacíos. Cada día a la hora de recoger para desayunar, ir a comer o porque se sale del aula, los alumnos saben que va todo recogido en esos estantes. Así, al volver a montar el espacio, es mucho más rápido. Al acabar la semana, cada cosa vuelve a su sitio y esos huecos vuelven a estar libres para el material de la siguiente semana.

DIFERENTES ALTURAS

Un consejo para llegar a más necesidades de nuestros alumnos es poner espacios a diferentes alturas, tamaños, etc. Al poner diferentes mesas, propuestas en el suelo, en alfombras, en paredes o pizarras permitimos que cada niño y niña desarrolle las actividades cambiando de postura y moviéndose.

AFORO ESPACIOS

Muchas veces es necesario restringir el número de participantes en cada espacio, para que no sea agobiante y todos los niños y niñas disfruten de él con la tranquilidad que merecen.

A lo largo de mi experiencia, he visto diferentes maneras de controlar el aforo de los espacios. Personalmente, me gusta no poner un número cerrado o marcarlo con las sillas, sino hacerles entender cuando son muchos que el espacio no es cómodo, etc. Pero si el grupo necesita una ayuda más visual, podemos aportar diferentes materiales para acompañar esta gestión:

◆ **Fotografías de los niños y niñas** con velcro y un folio de color con tantos velcros como alumnos puedan estar en el espacio. De esta manera, para poder entrar a la zona, debe haber espacio de velcro vacío para poner su fotografía. Si quieren cambiar, se llevan su fotografía con ellos al siguiente espacio.

◆ **Pinzas de la ropa o gomas de pelo:** En cada espacio hay un cesto con tantas pinzas o gomas como niños y niñas puedan estar, y en cada espacio deben ser de un color diferente. Cuando entran a la zona, cogen una goma y se la ponen de pulsera o una pinza y se la enganchan en la ropa. Para cambiar, dejan el objeto y se van a un espacio donde en el cesto haya gomas o pinzas libres.

◆ **Sillas:** En cada espacio hay que poner tantas sillas como niños y niñas puedan estar de manera que no podrán estar si no hay ninguna silla libre. Esta estrategia me parece útil para espacios en los que la mesa y las sillas son necesarias, así como para otros como el de la biblioteca o el del juego simbólico.

VALORACIÓN DE LOS ESPACIOS

Cuando un espacio parece poco interesante porque siempre está vacío y le queremos dar una oportunidad, nos podemos sentar en él e invitar al alumnado a participar. En ese momento, podremos ver por qué no llama la atención y analizar cuál es el fallo y porqué aburre, si no es adecuado para la edad, si es demasiado difícil o no lo entienden.

Podemos aprovechar un momento del día en el cual estemos todos en círculo para explicar el funcionamiento del espacio y/o del material que hay en este. Se puede hacer un ejemplo de cómo funciona pidiendo voluntarios y ayudantes y, si aun así sigue quedando vacío más de dos días, es que no es el momento, y lo debemos cambiar para quizá volver a ponerlo más adelante, cuando el desarrollo del grupo haya avanzado.

Para que funcionen y estén bien preparados, tienen que estar bien pensados, organizados y programados. A mí me funciona muy bien apuntar semanalmente qué propuestas pondré en cada espacio, qué material necesitaré, y qué me tendré que preparar, imprimir o buscar.

El documento que os comparto sirve para programar semanalmente los espacios, qué propuestas pondremos en cada uno, qué material necesitamos preparar, etc. De esta manera, podemos tener un control de lo que hemos puesto cada semana. En el documento hay espacio para escribir nueve propuestas.

ESPACIOS   *Semana* ....7 OCTUBRE....

ARTE	SENSORIAL	TEMÁTICO
Plantillas plastilina	Bandeja hojas otoño	Bingo otoño
Preparar: Plastificar plantillas	Preparar: pedir hojas	Preparar: fichas para tapar
MATES	LECTO	COCINA
Contar piñas	Inicial con pegatinas de colores de otoño	Añadir lista compra
Preparar: Buscar bolsa piñas plastilina	Preparar: pegatinas iniciales	Preparar: imprimir listas
RUTINA	CALMA	LIBRE
Añadir tiempo	Añadir botellas	Animales en el césped
Preparar: pinzas imágenes tiempo	Preparar: botellas otoño	Preparar:

Una buena manera de valorar el espacio es en el momento, en los días que está en función. Para ello os comparto un ejemplo para tener impreso y poder rellenar semanalmente.

Este documento está pensado para apuntar cómo ha funcionado el espacio. Podemos tener en cuenta si ha faltado material, que cambiaríamos para la siguiente vez, si es adecuado para el grupo, etc.

VALORACIÓN ESPACIOS

ARTE

Las plantillas las siguen la mitad del grupo. Falta plastilina de colores.

LECTO

Hay que preparar más pegatinas, necesitan más ayuda de la que nos esperábamos.

RUTINA

Hay que preparar más pegatinas, necesitan más ayuda de la que nos esperábamos.

TEMÁTICO

Han entendido la mayoría el juego, pero hay vocabulario que no sabían, hace falta presentarlo a todo el grupo.

COCINA

CALMA

Para saber quién pasa por cada espacio, a parte de la documentación fotográfica, podemos apuntar quien ha pasado esa semana por cada propuesta. Es una manera de poder acompañar y aconsejar a los niños y niñas que no han pasado por alguno, a pasar.

En este documento os dejo un listado para escribir el nombre de todo el alumnado del grupo y de los espacios o propuestas para que podáis apuntar si han pasado o si deberían volver a pasar

ALUMNADO / ESPACIOS	ARTE	SENSORIAL	TEMÁTICO	MATES	LECTO	COCINA		
Laia	✓			✓				
Mohamed		✓	✓					
David	✓				✓			
Judit			✓			✓		
Yhiayhia	✓			✓				
Martina			✓					
Pablo		✓						
Iris	✓							
Javier	✓							
Carmen								
Juan								
Victor								
Verónica								
Marcos								
María								
Paula								
Nerea								
Mario								
Alejandro